LOVE
DIARY

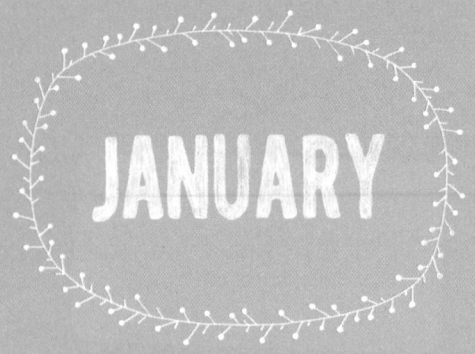

JANUARY

01

늘 미소로 서로 만나게 해 주소서,
미소는 사랑의 시작이고 평화의 시작입니다.

- 마더 테레사 -

20 ....

20 ....

20 ....

JANUARY

사랑이란 것이 처음부터 풍덩 빠지는 건 줄로만 알았지,
이렇게 서서히 물들어 버릴 수 있는 것인 줄은 몰랐어.

- 영화/미술관 옆 동물원 中 -

20 .

20 .

20 .

JANUARY

왜 나는 그녀를 사랑했던가?
아마도 그녀였기에, 나였기에 그랬을 것이다.

- 몽테뉴 -

20 .... •

20 .... •

20 .... •

JANUARY

04

사랑한다는 것은 관심을 보이는 것이며, 존중하는 것이다.
사랑한다는 것은 책임감을 느끼는 것이며 이해하는 것이고,
사랑한다는 것은 더없이 주는 것이다.

- 에릭 프롬 -

20 ....

20 ....

20 ....

JANUARY

05

사랑은 무엇보다도 자기 자신을 위한 선물이다.

– 장 아누이 –

20 ....•

20 ....•

20 ....•

JANUARY

사랑을 얻는다는 것은
이 세상 모든 것을 얻는다는 것이다.

- 안톤 체호프 -

20 ....

20 ....

20 ....

JANUARY

진짜 유일한 마술, 유일한 힘, 유일한 구원,
유일한 행복. 사람들은 이것을 사랑이라고 부른다.

- 헤세 -

20 ....

20 ....

20 ....

JANUARY

사랑한다면 사랑의 행동과 표현을 아끼지 말라.

- 조지 클레인 -

20 .... •

20 .... •

20 .... •

JANUARY

사랑을 방해하는 것은 아무것도 없다. 사랑은 모든 것의 내부를 파고든다. 사랑에는 시작과 끝이 없다.
영원히 날개를 파닥거린다.

- 클라디우스 -

20 .... •

20 .... •

20 .... •

JANUARY

전부를 주고도, 모든 것을 거부당해도,
언제까지나 변하지 않아야 진정한 사랑이다.

- 괴테 -

20 .... •

20 .... •

20 .... •

JANUARY

11

우리가 서로 사랑할 것이니,
이는 너희가 처음부터 들은 소식이라.

- 성경 -

20 .

20 .

20 .

JANUARY

사랑을 받고 싶다면 사랑하라.
그리고 무척 예쁘고 사랑스럽게 행동하라.

- 벤자민 프랭클린 -

20 .

20 .

20 .

JANUARY

13

진정한 사랑은 내 안의 모든 것을 꺼내요.
어느새 매일 거울을 꺼내어 보고 있죠.

- 제니퍼 애니스톤 -

20 .

20 .

20 .

JANUARY

14

내가 절망의 늪에 깊이 빠졌을 때,
나를 구해준 것은 주위 사람들의 많은 사랑이었습니다.
이제 내가 그들을 사랑할 차례입니다.

- 오드리 햅번 -

20 .

20 .

20 .

JANUARY

15

사랑은 그리움이다.
사랑은 받는 것에 있지 않고 주는 것에 있다.
사랑 대신에 섹스를 선택하지 말고 사랑에 대한 보답으로 섹스를 선택하라.

- 페트로에르베 -

20 ....

20 ....

20 ....

JANUARY

말이죠. 내가 그리워하는 건
누군가와 함께 있었다는 느낌이예요.

- 영화/해리가 샐리를 만났을 때 中 -

20 .... •

20 .... •

20 .... •

JANUARY

17

사랑하는 것이 곧 인생이다.

- 괴테 -

20 .... •

20 .... •

20 .... •

JANUARY

사랑은 멀리 있어 보여도 사실은 가까이 있다.
마치 밤하늘의 별빛과 같이...

- 이른트 -

20 ....·

20 ....·

20 ....·

JANUARY

19

값으로 미리 정할 수 있는 사랑은
가장 값싼 사랑이다.

- 셰익스피어 -

20 ....

20 ....

20 ....

JANUARY

사랑은 약속이다. 사랑은 기념품이다.
잃어버리지 않으면 절대로 사라지지 않을 것이다.

- 존 레논 -

20 .... •

20 .... •

20 .... •

JANUARY

21

당신의 웃는 모습이 좋아요.
나를 웃게 만드는 당신을 사랑해요.

- 영화/첫키스만 50번째 中 -

20 .... •

20 .... •

20 .... •

JANUARY

I love you more than my own skin.

- Charlie Parker -

20 .... •

20 .... •

20 .... •

JANUARY

23

사랑은 꽃으로 만든 관에 머무는 이슬방울같이
청순한 정신의 그윽한 곳에 머문다.

- 라므네 -

20 .... •

20 .... •

20 .... •

JANUARY

사랑은 아침이고,
또 밤에 뜬 별이다.

- 에머슨 -

20 .... •

20 .... •

20 .... •

JANUARY

25

불순한 마음에서 생기는 사랑은
그 마음이 사라졌을 때 같이 죽어버린다.

- 탈무드 -

20 .

20 .

20 .

JANUARY

가장 오랫동안 지속되는 사랑은
다시는 돌아오지 않는 사랑이다.

- 서머셋 모옴 -

20 ....

20 ....

20 ....

JANUARY

27

사랑과 사상만큼 강한 힘을 가진 것도 없다.
나는 사랑과 사상이 진정한 힘의 유일한 근원이라고 믿는다.

- 비노바 바베 -

20 .... •

20 .... •

20 .... •

JANUARY

사랑은 따라갈수록 도망간다.
사랑을 자유롭게 놓아두면 당신을 따라올 것이다.

- 세르반테스 -

20 .

20 .

20 .

JANUARY

29

우리는 사랑에 빠짐으로써 사랑을 배울 수 있다.

- 아이리스 머독 -

20 ....

20 ....

20 ....

JANUARY

사랑은 진실을 고백했을 때 잃을 수 있고,
우정은 거짓으로 잃을 수 있다.

- 보나르 -

20 .... •

20 .... •

20 .... •

JANUARY

31

사랑은 생명의 꽃이다.

- 보덴슈테트 -

20 .... •

20 .... •

20 .... •

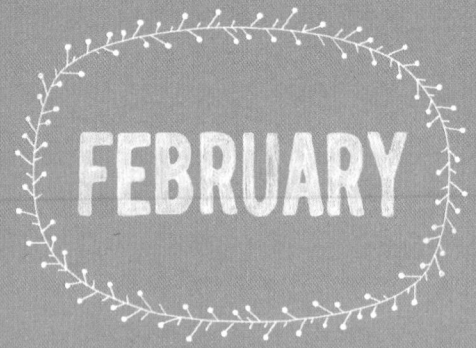

FEBRUARY

01

사랑과 증오는 같은 것이다. 다만,
사랑은 적극적이고 증오는 소극적일 뿐이다.

- 한스 그로스 -

20 .... •

20 .... •

20 .... •

FEBRUARY

사랑은 거부할 수 없이 열망하게 되는
거부할 수 없는 열정이다.

- 로버트 프로스트 -

20 .... •

20 .... •

20 .... •

FEBRUARY

만약 당신이 나를 사랑해 주지 않는다면,
내가 우리 두 사람 몫만큼 당신을 사랑하겠어요.

- 영화/누구를 위하여 종을 울리나 中 -

20 .... •

20 .... •

20 .... •

FEBRUARY

위대한 행동이라는 것은 없다.
위대한 사랑으로 인한 작은 행동들이 있을 뿐이다.

- 마더 테레사 -

20 .... •

20 .... •

20 .... •

FEBRUARY

사랑은 눈으로 보는 것이 아니라,
마음으로 보는 것이다.
그러므로 사랑은 눈먼 큐피트이다.

- 셰익스피어 -

20 ....

20 ....

20 ....

FEBRUARY

사랑의 열매는 서로에 대한
존경과 감동으로 맺어진다.

- 새뮤얼 스마일스 -

20 .... •

20 .... •

20 .... •

FEBRUARY

다른 사람으로부터 사랑받지 못하는 사람은
다른 사람을 사랑할 수 없다.
- 라파데르 -

20 ....

20 ....

20 ....

FEBRUARY

사랑이란 천국을 살짝 엿보는 것이다.

- 카렌 선드 -

20 .... •

20 .... •

20 .... •

FEBRUARY

사랑은 여자의 수치심을 둔하게 하고,
남자의 수치심을 예리하게 만든다.

- 장 파울 -

20 .... •

20 .... •

20 .... •

FEBRUARY

사랑은 내 안에서 싸우고 정복한다.
그리고 나는 사랑 안에서 살아가며 숨 쉰다.
그리하여 나는 삶과 존재를 가지게 된다.

- 세르반테스 -

20 .... •

20 .... •

20 .... •

FEBRUARY

11

사랑이란 우리 영혼의 가장 순수한 부분이
미지의 세계로 향하는 성스러운 그리움이다.

- 조르주 상드 -

20 ...... •

20 ...... •

20 ...... •

FEBRUARY

12

그녀는 사랑스러운 암사슴 같고, 아름다운 암노루 같으니,
너는 그녀의 품을 항상 모자람 없이 여기며,
그녀의 사랑을 항상 연모하라.

- 성경 -

20 .... •

20 .... •

20 .... •

FEBRUARY

13

사랑은 눈으로 보지 않고 마음으로 보는 것이다.

- 셰익스피어 -

20 .... _____

20 .... _____

20 .... _____

FEBRUARY

14

擲果滿車(척과만거): 던진 과일이 수레에 가득하다는 뜻으로,
여자가 남자에게 사랑을 고백(告白)함을 이른다.

-중국 진(晉)나라 유래-

20 ....•

20 ....•

20 ....•

FEBRUARY

15

사랑의 감정이란 대뇌에서 도파민, 페닐에치아민,
옥시토신 이 세 가지 물질이 대뇌에서 분비되어
서로 섞이는 과정에서 발생하는 화학반응이다.

- 신시아 하잔 -

20 .... •

20 .... •

20 .... •

FEBRUARY

누구를 사랑한다고 무조건 감싸 주어야 한다는 뜻은 아니다.
사랑은 상처를 덮는 붕대가 아니다.

- 휴 엘리어트 -

20 .

20 .

20 .

FEBRUARY

17

당신이 행한 사랑과 봉사에 대해서는 말을 아껴라.
그러나 당신이 받았던 사랑에 대해서는 많이 이야기하라.

- 세네카 -

20 ....•

20 ....•

20 ....•

FEBRUARY

인생에 있어서 최고의 행복은
우리가 사랑받고 있음을 확신하는 것이다.

- 빅토르 위고 -

20 .... •

20 .... •

20 .... •

FEBRUARY

19

연애는 마치 전쟁과 같다.
시작하기는 쉬워도, 끝내기는 무척 어렵다.

- 멩겐 -

20 .... •

20 .... •

20 .... •

FEBRUARY

가장 깊은 진리는 가장 깊은
사랑에 의해서만 열린다.

- 하이네 -

20 .... •

20 .... •

20 .... •

FEBRUARY

21

너희들이 나만큼 인생에 대해 알게 되면
사랑의 힘을 결코 과소평가하진 않을 것이다.

-톨킨-

20 .... •

20 .... •

20 .... •

FEBRUARY

나는 평생을 화려한 보석들에 둘러싸여 살아왔어요.
하지만 내가 정말 필요로 했던 건 화려한 보석이 아니었어요.
누군가의 진실한 마음과 사랑, 그것뿐이었어요.

- 엘리자베스 테일러 -

20 ．

20 ．

20 ．

FEBRUARY

23

있는 듯 없는 듯 가벼운 사랑은,
아예 사랑이 아니다.

- 토니 모리슨 -

20 ___ . ___

20 ___ . ___

20 ___ . ___

FEBRUARY

사랑은 게으른 사람에게는 바쁜 일이지만,
바쁜 사람에게는 게으름이다.

- 벌워 리튼 -

20 ...... •

20 ...... •

20 ...... •

25

FEBRUARY

사랑은 결코 맞붙어 싸워서 이길 수 있는 상대가 아니다.
그러므로 당연히 줄행랑을 놓을 수밖에 없다.

- 세르반테스 -

20 .... •

20 .... •

20 .... •

FEBRUARY

누구에게도 사랑을 받지 못하는 것은 아주 큰 고통이다.
누구도 사랑할 수 없는 것은 그 인생의 절반을
시체로 만든 것과 같다.

- 라이크스너 -

20 .

20 .
20 .

FEBRUARY

27

전혀 사랑하지 못하는 것보다
사랑하고 잃어버리는 것이 낫다.

- 알프레드 로드 테니슨 -

20 .... •

20 .... •

20 .... •

FEBRUARY

봄날 태양이 비추면 씨앗은 싹을 틔울 수밖에 없다.
그러나 참사랑은 세상이 추워지더라도 꽃으로 피게 된다.

- 뇌티히 -

20 .... •

20 .... •

20 .... •

FEBRUARY

29

자신의 사랑에 정의를 써 주세요

20 .... •

20 .... •

20 .... •

MARCH

01

My love for you is more
athletic than a verb.

– Sylvia Plath –

20 ___ . ___

20 ___ . ___

20 ___ . ___

MARCH

02

사랑은 사람의 얼굴을 빛나게 하며,
암흑의 무덤에도 아름다운 빛을 던진다.

- 에머슨 -

20 .... •

20 .... •

20 .... •

MARCH

03

사랑하거나 사랑하지 않는 것은
그렇게 마음대로 되는 것이 아니다.

- 피에르 코르네이유 -

20 ....

20 ....

20 ....

MARCH

사람은 사랑을 할 때 누구나 시인이 된다.
- 플라톤 -

20 .

20 .

20 .

MARCH

어머니는 20년을 넘게 걸려 소년을 남자로 만든다.
그러나 여자는 20분 만에 그 남자를 바보로 만든다.
- 프로스트 -

20 ....•

20 ....•

20 ....•

MARCH

세상에 여자가 존재하지 않는다면
남자는 아마도 산과 같이 살아갈 것이다.

- 버커 -

20 .
20 .
20 .

MARCH

07

삶에서 사랑을 받기만 하면 쓸모없는 인생이다.
할 수 있으면 자신을 극복하고 사랑을 하는 사람이 되고 싶다.

- 릴케 -

20 .... •

20 .... •

20 .... •

MARCH

한 방향으로의 깊은 사랑은
다른 모든 방향으로의 사랑도 깊어지게 한다.
- 스웨친 -

20 ....•

20 ....•

20 ....•

MARCH

여자의 사랑은 시각적이며 감각적으로 불타오르지만,
그렇게 오래가지는 않는다.

- 단테 -

20 .... •

20 .... •

20 .... •

MARCH

10

사랑은 악마이자 불꽃이며, 천국이자 지옥이다.
쾌락과 고통, 슬픔과 후회가 그 속에 함께 살고 있다.

- 캐시 반필드 -

20 ....

20 ....

20 ....

MARCH

11

사랑에는 항상 어느 정도 광기가 있다.
그러나 이 사랑의 광기에도 늘 어느 정도 이성이 함께 있다.
- 니체 -

20 ....

20 ....

20 ....

MARCH

12

사랑을 받지 못한다는 것은 이 세상에서 가장 괴로운 것이다.

- 영화/에덴의 동쪽 中 -

20 .... •

20 .... •

20 .... •

MARCH

13

단 한 번도 사랑다운 사랑을 해보지 못한 사람은 모를 것이다.
내가 지금 불륜을 저지르는 것이 아니고,
사랑을 하고 있다는 것을 말이다.

- 잉그리드 버그만 -

20 ....

20 ....

20 ....

MARCH

14

내 사랑아! 너는 어여쁘고 어여쁘다. 네 눈이 비둘기 같구나.
나의 사랑하는 사람아! 너는 어여쁘고 화창하다.
우리의 침상은 푸르고 푸르다.

- 성경 -

20 .... •

20 .... •

20 .... •

MARCH

15

자기가 사랑받고 있다고 느끼면,
늙은이가 될 때까지도 어린아이 같은 기쁨을 느낀다.

- 몽테를랑 -

20 .

20 .

20 .

MARCH

16

때로는 이별의 아픔 속에서
진정한 사랑의 깊이를 깨닫게 된다.

- 조지 엘리엇 -

20 .
_____

20 .
_____

20 .
_____

MARCH

17

사랑은 우주가 단 한 사람으로
좁혀지는 것이다.

- 줄리아 로버츠 -

20 .... •

20 .... •

20 .... •

MARCH

감미로운 봄날은 나의 시간, 당신의 시간, 그리고 우리의 시간이에요.
왜냐면 봄날은 사랑의 시간이니까요.
만세! 감미로운 사랑이여.

- 커밍스 -

20 .... •

20 .... •

20 .... •

MARCH

19

사랑이란 남자가 이 세상 단 한 사람의 여자에게
만족하기 위하여 감당하는 노력일 것이다.

- 피처 제랄드 -

20 ....

20 ....

20 ....

MARCH

사랑의 상처를 치유할 수 있는 유일한 방법은
더욱 많이 사랑하는 것이다.

- 헨리 데이비드 소로우 -

20 .

20 .

20 .

MARCH

21

결혼을 신성하다고 할 수 있는 것은 오직 사랑뿐이며,
진정한 결혼은 사랑으로 신성해진 결혼뿐이다.

- 톨스토이 -

20 .   .

20 .   .

20 .   .

MARCH

겁쟁이는 사랑을 드러낼 능력이 없다.
사랑은 용기 있는 자의 특권이다.

- 마하트마 간디 -

20 ....

20 ....

20 ....

MARCH

23

만약에 내가 사랑이 무엇인지 안다면
그것은 당신 때문이다.

- 헤르만 헤세 -

20 .... •

20 .... •

20 .... •

MARCH

사랑은 내가 선택할 수 있는 것이 아니다.
그저 내게 다가오는 것이다.
100여 년을 살면서 내가 깨달은 오직 한 가지 사실이 바로 이것이다.

- 캐서린 햅번 -

20 .... •

20 .... •

20 .... •

MARCH

25

나이가 들어가도 사랑은 막을 수 없다.
하지만 사랑은 노화를 어느 정도까지는 막을 수 있다.

- 잔느 모로 -

20 .... •

20 .... •

20 .... •

MARCH

사랑은 결정이 아니다. 사랑은 감정이다.
누구를 사랑할 지 결정할 수 있다면 훨씬 더 간단하겠지만
마법처럼 느껴지지는 않을 것이다.

- 트레이 파커 -

20   .

20   .

20   .

MARCH

27

사랑에 빠진 남자는 현명해지며,
사랑받는 대상을 바라볼 때마다 새로운 것을 보게 되고,
그의 눈과 마음은 그 사랑의 대상이 지닌 아름다움을 이끌어 낼 수 있다.

- 에머슨 -

20 ....

20 ....

20 ....

MARCH

혹시 사랑의 고통보다 더 심한 고통이 있나요?

- 영화/러브 액츄얼리 中 -

20 ....

20 ....

20 ....

MARCH

29

사랑이 말한다, 가끔은 확인이 필요하다고.
사랑이 경고한다, 잘못하면 상처가 된다고.
사랑은 확인하는 것이 아니라 확신하는 것이다.

- 드라마/소울 메이트 中 -

20 ....

20 ....

20 ....

MARCH

이해는 분노보다 높으며,
평화는 전쟁보다 고귀하고,
사랑은 증오보다 고귀하다.

- 헤르만 헤세 -

20 .... •

20 .... •

20 .... •

31

MARCH

남들이 우리와 다르게 살아가고 행동하며
경험한다는 사실을 알고 이에 기뻐하는 것이
사랑 아니고 무엇이겠는가?

- 니체 -

20 ....

20 ....

20 ....

APRIL

정열은 강이나 바다와 비슷하다. 얕은 곳을 흐르면
소리를 내지만 깊은 곳을 흐르면 침묵을 지킨다.

- 까뮈 -

20 ....

20 ....

20 ....

APRIL

사랑이라는 나무의 뿌리는 땅속 깊숙히 박혀 있지만,
사랑이라는 나무의 가지는 하늘로 치솟아야 한다.

- 러셀 -

20 .
_____

20 .
_____

20 .
_____

APRIL

어려운 일은 사랑을 하는 기술이 아니라,
사랑을 받는 기술이다.

- 알퐁소 도테 -

20 ....

20 ....

20 ....

APRIL

04

꽃을 사랑한다고 말하면서 꽃에 물 주는 것을 잊어버린 여자를 본다면,
우리는 그녀가 꽃을 사랑한다고 믿지 않을 것이다.
사랑은 상대방의 생장에 대한 적극적인 관심이다.
이러한 적극적인 관심이 없다면 사랑도 없을 것이다.

- 에릭 프롬 -

20 ....·

20 ....·

20 ....·

05

APRIL

이 세상 사람들 모두 마음이 다르듯이,
가슴마다 느끼는 사랑도 다르다.

- 톨스토이 -

20 ....

20 ....

20 ....

APRIL

경험은 사랑의 아들이고,
사랑은 행동의 아들이다

- 리즈 테일러 -

20 ....

20 ....

20 ....

APRIL

오늘 밤 이곳에 왔습니다.
남은 인생을 누군가와 함께 보내고 싶다면,
가능한 한 빨리 사랑을 시작하길 바랍니다.

- 영화/해리가 샐리를 만났을 때 中 -

20 .

20 .

20 .

APRIL

사랑을 두려워하는 것은 삶을 두려워하는 것과 같다.

-러셀-

20 .... •

20 .... •

20 .... •

APRIL

Take me or leave me or as is the usual order of things both.

– Dorothy Parker –

20 .

20 .

20 .

APRIL

사랑은 성장이 멈출 때 죽는다.
- 펄벅 -

20 .... •

20 .... •

20 .... •

APRIL

11

사랑은 모든 가슴을 채우는 공기와 빛이며,
모든 난로에 불을 지피는 불쏘시개이다.

- 에머슨 -

20 .... •

20 .... •

20 .... •

APRIL

12

만약 당신이 사교성이 많다는 말을 들으려면,
연인과 사랑을 속삭이는 것처럼 말하라.

- 오스카 와일드 -

20 .... •

20 .... •

20 .... •

APRIL

13

서로를 용서하는 것이야말로
가장 아름다운 사랑의 모습이다.

- 존 셰필드 -

20 .... •

20 .... •

20 .... •

APRIL

14

사랑은 아낌없이 주는 것이다.

- 톨스토이 -

20 .... •

20 .... •

20 .... •

APRIL

15

사랑은 타오르는 불길인 동시에 앞을 비추는 빛이다.
그러니 그 불길이 꺼지면 무엇에 의지할 것인가.

- 바이런 -

20 ....

20 ....

20 ....

APRIL

16

사랑이란 한숨으로 일으켜지는 연기이고, 눈 속에서 번쩍이는 불꽃이다.
흐리면 눈물로 바다가 된다. 그게 사랑 아닌가?
가장 분별 있는 미치광이요, 또한 목을 타 들어가게 하는 쓰디쓴 약인가 하면,
생명에 활력을 주는 감로이기도 하다.

- 셰익스피어 -

20 .... •

20 .... •

20 .... •

APRIL

17

단어 하나가 삶의 모든 무게와 고통에서 우리를 벗어나게 할 수도 있다.
그것은 바로 사랑이다.

- 소포클레스 -

20 .

20 .

20 .

APRIL

사랑이 없으면 결혼하지 말라.
그러나 당신이 상대방을 사랑하고 있는지 살펴보라.

- 윌리엄 펜 -

20 .... •

20 .... •

20 .... •

APRIL

19

눈물은 눈동자로 말하는 고결한 언어이다.

− 로버트 해릭 −

20 .... •

20 .... •

20 .... •

APRIL

사랑은 인간 생활 최후의 진리이며,
최후의 본질이다.

- 슈와프 -

20 .... •

20 .... •

20 .... •

APRIL

21

사랑은 하나를 주고 하나를 바라는 것이 아니다.
물론 둘을 주고 하나를 바라는 것도 아니다.
아홉을 주고도 미쳐주지 못한 하나 때문에 안타까워하는 것이다.

- 브라운 -

20 .... •

20 .... •

20 .... •

APRIL

사랑은 성내지 아니한다.

-성경-

20 .... •

20 .... •

20 .... •

APRIL

23

사랑이란 젊고 신선한 마음에는 너무도 강력한 즐거움이다.
세상의 다른 어떤 신앙이 사랑과 양립될 수 있을 것인가?

- 로망 롤랑 -

20 ....

20 ....

20 ....

APRIL

24

진정한 사랑은 모든 열정이 타고 없어졌을 때,
그때 비로소 남은 감정이다.

- 영화/코렐리의 만돌린 中 -

20 ....

20 ....

20 ....

25

APRIL

신을 본 사람은 없을 것이다.
그러나 만약 우리가 서로 사랑한다면 신은 우리 마음에 머무를 것이다.

- 톨스토이 -

20 _____ .

20 _____ .

20 _____ .

APRIL

중요한 것은 사랑을 받는 것보다, 사랑하는 것이다.

- 서머셋 모옴 -

20 .

20 .

20 .

APRIL

27

때때로 사랑은 기적처럼 아름다운 여행이며,
용기 있는 모험이다.

- 영화/아름다운 여행 中 -

20 ....

20 ....

20 ....

APRIL

키스는 바닷물처럼 짠 물을 마시는 것과 같다.
마실수록 갈증은 더해만 간다.

- 미상 -

20 ．

20 ．

20 ．

29

APRIL

연애는 결혼보다도 즐겁다.
이것은 소설이 역사책보다 더 흥미로운 것과 마찬가지이다.
- 카일라일 -

20 ....•

20 ....•

20 ....•

APRIL

열정적인 사랑은 판단하지 않는다.
다만 주기만 할 뿐이다.

- 마더 테레사 -

20 ...... •

20 ...... •

20 ...... •

01

사랑한다는 것은 둘이 서로 마주 보는 것이 아니라,
함께 한 방향을 향해 보는 것이다.

- 생떽쥐페리 -

20 ....

20 ....

20 ....

MAY

02

나의 사랑, 나의 어여쁜 사람아!
일어나서 함께 가자.

- 성경 -

20 .... • _____

20 .... • _____

20 .... • _____

MAY

시간이 연애를 지루하게 하고,
익숙해지면 사랑은 사라져 버린다.

- 바이런 -

20   .

20   .

20   .

MAY

섣불리 사랑을 맹세하지 마세요.
하지만 정말 원한다면 당신 마음에
자리 잡고있는 마음에 대고 맹세하세요.

- 영화/로미오와 줄리엣 中 -

20 .... •

20 .... •

20 .... •

MAY

한 사람이 다른 사람을 사랑하는 것,
그것은 아마도 우리의 삶 중에서 가장 어려울 것이다.
단지 다른 모든 일은 사랑을 준비하는 것일 뿐이다.

- 릴케 -

20 .... _____

20 .... _____

20 .... _____

MAY

진정한 사랑은 영원히 자신을 성장시키는 경험이다.

- 스캇 펙 -

20 .... _____

20 .... _____

20 .... _____

MAY

인생은 꽃이요,
사랑은 그 꽃에 담긴 꿀이다.
- 빅토르 위고 -

20 .

20 .

20 .

MAY

사랑은 결점을 보지 못한다.
- 폴러 -

20 .... •

20 .... •

20 .... •

MAY

사랑은 아름다운 여자를 만나서부터 그녀가
마치 꼴뚜기처럼 생겼음을 발견하기까지의 즐거운 시간이다.

- 존 베리모어 -

20 .

20 .

20 .

MAY

10

사랑의 신비는 다른 사람이 홀로 있는 것을 지켜주고 존중하며,
그에게 자유로운 공간을 만들어 그가 자신의 외로움을
다른 사람과 함께 나누는 고독으로 바꾸게 해준다는 것입니다.

- 헨리 바우엘 -

20 ....•

20 ....•

20 ....•

MAY

11

사랑은 오직 줄 때만이 머무를 수 있다.
주지 않을 때 사랑은 떠나가 버린다.

- 알버트 허바드 -

20 .... _____

20 .... _____

20 .... _____

MAY

사람들은 단순한 미소가 얼마나 많은 행운과
사랑을 일으키는지 결코 알 수 없다.

- 마더 테레사 -

20 ....

20 ....

20 ....

MAY

13

두 사람이 만나는 것은 두 가지 화학 물질이 접촉하는 것과 같다.
어떤 반응이 일어나면 둘 모두는 완전히 바뀌게 된다.

- 칼 융 -

20 ___ . _____

20 ___ . _____

20 ___ . _____

MAY

14

사랑으로 이야기꽃을 피우면,
사랑하게 된다.

- 배넘 -

20 .... •

20 .... •

20 .... •

MAY

15

자신을 미워하는 사람을 사랑할 수는 있지만,
자신이 미워하는 사람을 사랑할 수는 없다.

- 톨스토이 -

20 .... •

20 .... •

20 .... •

MAY

16

사랑을 시작할 때는 내일만 보이고,
사랑에 빠져 있을 때는 오늘만 보이며,
사랑이 끝났을 때는 어제만 보인다.

- 오데이 -

20 .... •

20 .... •

20 .... •

MAY

17

그녀는 부족한 나를 가득 채워주는 느낌이다.
그녀와 함께 있으면 내 삶은 영화보다 더 아름답다.
- 브래드 피트 -

20 ....

20 ....

20 ....

MAY

성실하게 사랑하며 조용히 침묵을 지켜라.
성실한 사랑은 많은 말을 필요로 하지 않는다.

- 프리드리히 제나인 -

20 .... •

20 .... •

20 .... •

MAY

19

사랑은 가장 달콤한 기쁨이면서
가장 처절한 슬픔이기도 하다.

- 베일리 -

20 ....

20 ....

20 ....

MAY

이 세상에서 남자에게 가장 중요하고
소중한 것은 여자의 마음이다.

- 요시아 -

20 ....

20 ....

20 ....

21

MAY

사랑은 증오의 시끄러운 소리를
완전히 덮어버리는 큰 북소리이다.

- 마가릿 조 -

20 ....

20 ....

20 ....

MAY

Every we do in life is based on fear,
especially love.

– Mel Brooks –

20 ․

20 ․

20 ․

MAY

23

사랑은 프랑스에서는 희극이고 영국에서는 비극이다.
그리고 이탈리아에서는 오페라이고 독일에서는 멜로 드라마이다.

- 블레싱턴 -

20 ____ . _____

20 ____ . _____

20 ____ . _____

MAY

사랑은 세상을 아름다운 음악으로 가득 채운다.
음악은 사랑의 음성이기 때문이다.

- 에머슨 -

20 . _____

20 . _____

20 . _____

25

가장 훌륭한 사랑의 행위는 상대에게 관심을 보이는 것이다.

- 마이클 앨런 -

MAY

20 . _____

20 . _____

20 . _____

MAY

사랑은 끝없는 용서의 행위이고,
습관처럼 보여지는 상냥한 얼굴이다.

- 피터 유스티노프 -

20 .... •

20 .... •

20 .... •

MAY

27

모든 겸손과 온유로 하고,
오래 참음으로 사랑 가운데서 서로 용납하라.

- 성경 -

20 ....

20 ....

20 ....

MAY

사랑은 아낌없이 빼앗는 것이다.

- 아리시마 다케오 -

20 .... ·

20 .... ·

20 .... ·

MAY

29

우리는 사랑하는 상대를 선택할 수 없어.
다만 감정이라는 이끌림에 끌려 사랑하는 수 밖에...

- 영화/친구와 연인사이 中 -

20 .... •

20 .... •

20 .... •

MAY

사랑은 이 세상을 꽃밭으로
만들 수 있는 위대한 열쇠이다.

- 스티븐슨 -

20 . _____

20 . _____

20 . _____

MAY

31

사랑이란 쉽게 변하기 때문에 더욱 사랑해야 한다.

- 서머셋 모옴 -

20 .... _____

20 .... _____

20 .... _____

JUNE

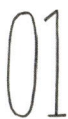

사랑이란 얼마나 많이 주느냐보다 얼마나
많은 사랑을 담을 수 있느냐가 중요하다.

- 마더 테레사 -

20 .

20 .

20 .

JUNE

02

이 세상에서 첫사랑의 의식보다 신성한 것은 없다.

- 롱펠로우 -

20 .... •

20 .... •

20 .... •

JUNE

사랑은 이 세상 어떤 판관보다 훨씬 정의롭다.

- 비처 -

20 .

20 .

20 .

JUNE

04

사랑은 지성에 대한 상상력의 승리다.

- 멩켄 -

20 ....•

20 ....•

20 ....•

JUNE

사랑은 정신병의 일종이다.
- 바르트 -

20 .

20 .

20 .

JUNE

천사의 혀로 노래를 불러도 사랑이 없다면,
그건 그저 시끄러운 탬버린 소리에 지나지 않는다.

- 영화/본 투 비 블루 中 -

20 ....•

20 ....•

20 ....•

JUNE

사랑은 조금 늦게 진행될수록 격렬하다.

- 호라티우스 -

20 .
   .

20 .
   .

20 .
   .

JUNE

네가 사랑의 진로를 인도할 수 있다고 생각하지 마라.
사랑이 너의 가치를 발견하고 네 진로를 인도할 것이기 때문이다.

- 칼릴 지브란 -

20 .

20 .

20 .

JUNE

나는 당신을 사랑한다.
당신의 존재를 위해서뿐 아니라.
당신과 함께 있는 나의 존재를 위해서도…

- 로이 크로프트 -

20 ....

20 ....

20 ....

JUNE

10

아저씨! 정말 사랑한다면
땅에 심어 뿌리를 내리도록 도와주어야 해요.

- 영화/레옹 中 -

20 .... •

20 .... •

20 .... •

JUNE

두 점 사이의 최단 거리는 사랑이다.

-홈스-

20 ....

20 ....

20 ....

JUNE

12

사랑하는 것만으로는 부족하다.
상대가 사랑받고 있다고 느낄 때까지 사랑하라

- 조반니 보스코 -

20 .

20 .

20 .

JUNE

13

사랑은 변하지 않아.
단지 사람의 마음이 변했을 뿐이지...

- 영화/봄날은 간다 中 -

20 ....

20 ....

20 ....

JUNE

14

사랑은 홍역과 같다.
우리 모두는 꼭 한 번은 겪고 지나가야 한다.

- 제롬 -

20   .

20   .

20   .

JUNE

15

아무리 열렬한 연인들도 때로는 무관심과 새롭지 못함을 느낀다.
이들에게 사랑이란 단어는 그 틈새를 일시적인 것으로
만들고 두 사람을 이어주는 다리가 된다.

- 헉슬리 -

20 ....•

20 ....•

20 ....•

JUNE

사람은 사랑을 하는 동안에는 모든 것을 용서한다.
- 로슈퓨코 -

20   .

20   .

20   .

JUNE

17

이 배의 탑승권을 타낸 건 내 인생 최고의 행운이었어.
당신을 만나게 되었으니까.

- 영화/타이타닉 中 -

20 ....

20 ....

20 ....

JUNE

샤갈 좋아해요?
사랑은 저런거죠. 하늘을 나는 느낌.

- 영화/노팅힐 中 -

20 ....•

20 ....•

20 ....•

JUNE

19

사랑은 욕망이라는 강에 살고 있는 악어다.

- 바르트리하리 -

20 ___ .

20 ___ .

20 ___ .

JUNE

서로 사랑하라! 이것이 너희에게 주는 나의 계명이다.

- 성경 -

20 .
___

20 .
___

20 .
___

JUNE

21

삶에서 최대의 비극은 사람이 죽는 것이 아니라
사랑을 잃어버리는 일이다.

- 서머셋 모음 -

20 .

JUNE

사랑은 아무리 보잘것없는 것도 기쁨으로 바꾸고,
왕과 왕비도 평범한 인간으로 돌아가게 만드는 마술사이다.

- 에머슨 -

20 ....

20 ....

20 ....

JUNE

23

Of all form of caution, caution in love is
perhaps the most fatal to true happiness.

– Bertrand Russell –

20   .

20   .

20   .

JUNE

24

상대의 본래 성격이 다르다는 사실을 무시하기 때문에 남자는 여자에게 남자처럼
생각하고 반응하기를 기대하고, 여자 또한 마찬가지이기에, 온 세상은 오해와 사고와
문제로 가득한 것이다. 남녀가 서로를 이해하지 못한다는 사실을 이해한다면
서로를 이해할 수 있을 것이다.

- 뮌히하우젠 -

20 .

20 .

20 .

JUNE

25

여자는 이상을 꿈꾸는 사랑을 하고,
남성은 속셈을 가지고 사랑을 한다.

- 오밀러 -

20 . .

20 . .

20 . .

JUNE

사랑은 마음의 폭군이다. 이성을 둔하게 만들고,
분별을 어둡게 하고, 충고에 귀먹게 한다.
- 포드 -

20 .

20 .

20 .

JUNE

27

이 세상 어떤 밧줄이나 철사도 사랑처럼 힘차게
당기면서 단단히 붙잡아 매지는 못한다.

-버튼-

20 .

20 .

20 .

JUNE

나는 사람들에게 부끄럽지 않은 사람으로 기억되기를 바란다.
그러나 내가 사랑했던 사람에게는 아름다운 한 여자로 기억되고 싶다.

- 그레이스 켈리 -

20 .... •

20 .... •

20 .... •

JUNE

29

5분이나 50년을 더 사는 건 중요치 않아.
내게 사랑하는 법과 사랑받는 법을 알려줘서 고마워.
사랑해…

- 영화 / If Only 中 -

20 .... •

20 .... •

20 .... •

JUNE

만유인력은 사랑에 빠진 사람을 책임지지 않는다.

- 아인슈타인 -

20 .... •

20 .... •

20 .... •

JULY

JULY

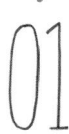

사랑은 삶 최고의 청량한 강장제이다.

- 파블로 피카소 -

20 .... •

20 .... •

20 .... •

JULY

02

사랑은 우리를 하늘로 이끌어 가는 별이며,
메마른 황야에서 한 점의 초록색이며,
모래 속에 섞인 한 알의 금이다.

- 할름 -

20 .... •

20 .... •

20 .... •

JULY

사랑에 빠지기는 쉽다. 사랑에 빠져 있기는 더 쉽다.
인간은 원래 외로운 존재이기에.
그러나 오직 한 사람 곁에 머물면서 한결같은 사랑을 받기란 어렵기만 하다.

- 안나 스트롱 -

20 .... •

20 .... •

20 .... •

JULY

최고의 사랑은 영혼을 일깨우고, 더 많은 소망을,
마음엔 열정을, 가슴에는 평화를 주지.
난 너에게 그걸 얻었고 너에게 영원히 주고 싶었어.

- 영화/노트북 中 -

20 ....•

20 ....•

20 ....•

JULY

세상에는 빵 한 조각 때문에 죽어가는 사람도 많지만,
작은 사랑도 받지 못해서 죽어가는 사람은 더 많다.

- 마더 테레사 -

20 ....

20 ....

20 ....

JULY

미움은 다툼을 일으켜도
사랑은 모든 허물을 감추어 줄 것이다.

- 성경 -

20 ....•

20 ....•

20 ....•

JULY

말로 하는 사랑은 쉽게 외면할 수 있으나,
행동으로 보여주는 사랑은 저항할 수가 없다.

- 무니햄 -

20 ....

20 ....

20 ....

JULY

남편들아! 아내를 사랑하며, 괴롭게 하지 말라.

-성경-

20 .... •

20 .... •

20 .... •

JULY

진실은 단지 마지막의 존엄과 사랑만 존재한다는 것이다.
그리고 사랑의 이야기는 중요하지 않다. 중요한 것은 사람이 사랑할 수 있다는 것이다.
그것이 아마 우리가 영원을 엿볼 수 있는 유일한 기회일 것이다.

- 헬런 헤이스 -

20 .... •

20 .... •

20 .... •

JULY

10

용기 있다는 것은 답례로 아무것도 기대하지 않고
누군가를 무조건 사랑하는 것이다. 사랑은 거저 주는 것이다.
우리는 넘어지거나 쉽게 상처받길 원치 않으므로 사랑하려면 용기가 필요하다.

- 마돈나 -

20 .

20 .

20 .

JULY

11

내가 이해하는 세상의 모든 것은,
내가 사랑을 알기 때문에 이해할 수 있다.

- 톨스토이 -

20 .... •

20 .... •

20 .... •

JULY

12

누군가를 사랑한다는 것은 나 자신을
그와 똑같은 사람으로 생각하는 것이다.

- 아리스토텔레스 -

20 .... •

20 .... •

20 .... •

13

무엇보다도 열심히 서로 사랑할 것이니,
사랑은 아주 많은 죄를 덮느니라.

- 성경 -

JULY

20 .

20 .

20 .

JULY

14

여자는 자신의 장점 때문에 사랑을 받게 되는 것도 좋아하지만,
진정 바라는 것은 자신의 아쉬운 점을 사랑해 주는 것이다.

- 아베 프레보 -

20 ....•

20 ....•

20 ....•

JULY

15

사랑은 사람을 치유한다.
받는 사람과 주는 사람 모두에게 훌륭한 치료약이 된다.

- 칼메닝거 -

20 . •

20 . •

20 . •

JULY

16

우정이 바탕이 되지 않는
모든 사랑은 모래 위에 지은 집과 같다.

- 윌콕스 -

20 .... •

20 .... •

20 .... •

JULY

17

모든 기쁨을 함께 나누며, 조용한 무언의 기억에서 서로 하나가 되는 데 있어서
두 사람의 영혼이 함께 한다는 것을 느끼는 것보다 더 강한 것이 도대체 있을까?

- 조지 엘리엇 -

20 .... •

20 .... •

20 .... •

JULY

사랑하는 것이 인생이다. 사람과 사람 사이의
결합이 있는 곳에 기쁨이 있다.

- 괴테 -

20 ....•

20 ....•

20 ....•

JULY

19

나에게 기적은 다시 일어서는 것이 아니라. 사랑하는 아내와 하루하루 함께 하는 것이다.
사랑하는 사람과 함께 하는 삶은 날마다 기쁨이고 기적이다.

- 크리스토퍼 리브 -

20 ....

20 ....

20 ....

JULY

누군가를 만나게 되어 가슴이 울렁거리고 환희에 젖어
그 사람이 없으면 죽을 것 같은 사랑도 길게 보아 2년 반을 넘지 못한다.

- 신시아 하잔 -

20 ....•

20 ....•

20 ....•

21

JULY

사랑은 미친 행동을 정당화할 수 있게 해주는 가장 강력한 힘이다.

- 니어엘 헨로 -

20 ....

20 ....

20 ....

JULY

사랑은 상대방을 지배하는 것이 아니라 상대방에게 자유를 주는 것이다.

- 에릭 프롬 -

20 .... •

20 .... •

20 .... •

23

정신이 명료함은 열정도 명료함을 뜻한다.
때문에 위대하고 명료한 정신을 지닌 자는
열정적으로 사랑하고 자신이 사랑하는 대상을 분명히 안다.

- 파스칼 -

20 .... •

20 .... •

20 .... •

JULY

사랑은 모든 것에서 최선의 것이다.
- 브라우닝 -

20 ....·

20 ....·

20 ....·

JULY

25

미인은 내가 알아보는 여인이다.
매력적인 사람은 나를 알아봐 주는 사람이다.
- 스티븐슨 -

20 _____ .

20 _____ .

20 _____ .

JULY

사랑의 고뇌처럼 달콤한 것이 없고 사랑의 슬픔처럼 즐거움은 없으며,
사랑의 괴로움처럼 기쁨은 없다. 사랑에 죽는 것처럼 행복은 없다.

- 아른트 -

20 .... •

20 .... •

20 .... •

27

JULY

사랑하는 사람의 미친 행동은 그중에서 가장 행복한 미친 행동이다.

- 플라톤 -

20 ....

20 ....

20 ....

JULY

오늘 사랑한다고 내일도 사랑할 것이라고
누구도 확정지어 이야기할 수 없다.

- 루소 -

20 .

20 .

20 .

JULY

29

세상에 모든 사람들이 사라지고 한 사람만 남게 된다면,
그리고 그 한 사람이 신으로까지 확장된다면 그것은 바로 사랑이다.

- 빅토르 위고 -

20 .... •

20 .... •

20 .... •

JULY

진정한 사랑은 언젠가 상대의 마음에 닿는다는 사실을 깨달았다.
닿았을 때 마음의 울림은 훨씬 크다는 것도 말이다.

- 왕조현 -

20 .... •

20 .... •

20 .... •

31

JULY

사랑은 처음에는 환희로 이끌고,
그 다음 단계에서는 고통으로 이끈다.
그러나 계속되는 사랑으로 상처는 아물게 된다.

- 릴런드 -

20 .... •

20 .... •

20 .... •

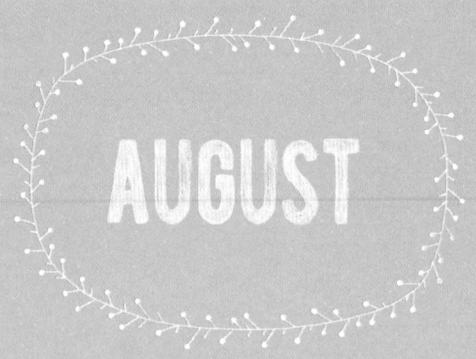

AUGUST

01

스스로 원해서 하는 복종,
이것은 가장 아름다운 행위이다.
이것이 어떻게 사랑 없이 가능하겠는가.

- 괴테 -

20 ____ . ____

20 ____ . ____

20 ____ . ____

AUGUST

사랑의 즐거움은 잠시지만
사랑의 고통은 평생 계속되기도 한다.

- 베티 데이비스 -

20 ....

20 ....

20 ....

AUGUST

연애는 남자의 인생에서 하나의 그림에 불과하지만,
여자의 인생에서는 역사. 그 자체이다.

- 스타르 부인 -

20 .... •

20 .... •

20 .... •

AUGUST

Now hatred is by far the longest pleasure.
Men love in haste but they detest at leisuer.

- Lord Byron -

20 ....

20 ....

20 ....

AUGUST

사랑이란 자기희생이다.
이것은 우연에 의존하지 않는 유일한 행복이다.

- 톨스토이 -

20 ....

20 ....

20 ....

AUGUST

사랑의 법은 치외법이다.
- 가우너 -

20 ....•

20 ....•

20 ....•

AUGUST

사랑은 불가사의한 꽃, 가슴의 향기이며,
그 신성한 열정이 없으면 우리는 짐승만도 못하지만,
그것이 있으므로 세상은 천국이요 우리는 神이 된다.

- 에머슨 -

20 ....•

20 ....•

20 ....•

AUGUST

사랑하는 사람만이 살아있는 것이다.

- 톨스토이 -

20 ....•

20 ....•

20 ....•

AUGUST

사랑에는 두려움이 없다.
완전한 사랑은 두려움을 몰아낸다.

- 성경 -

20 .

20 .

20 .

AUGUST

10

사랑을 하면서 현명함을 동시에
갖는다는 것은 사실상 불가능하다.

-실스-

20 .

20 .

20 .

AUGUST

11

사랑은 미리 상처를 입는 것을 계산하지 않는다.

- 카미컬 -

20 .

20 .

20 .

AUGUST

12

사랑은 항상 제철의 과일과 같다.
그리고 그것은 언제나 손에 닿을 수 있는 곳에 있다.

- 마더 테레사 -

20 ....•

20 ....•

20 ....•

AUGUST

13

당신 모습 그대로 미움을 받는 것이,
당신 아닌 다른 모습으로 사랑을 받는 것보다 낫다.

- 앙드레 지드 -

20 ．

20 ．

20 ．

AUGUST

14

사랑은 상실이고 단념이다.
사랑은 모든 것을 주었을 때 더욱 풍부해진다.

- 칼 구코 -

20 .

20 .

20 .

AUGUST

15

우리는 항상 첫사랑으로 돌아간다.

- 에티에느 -

20 ....

20 ....

20 ....

AUGUST

사랑의 본질은 개인을 보편화하는 데 있다.
-콩트-

20 .... •

20 .... •

20 .... •

AUGUST

사랑은 오래 참는다.
-성경-

20 ....•

20 ....•

20 ....•

AUGUST

18

당신이 원하는 만큼 살고 싶다면,
살아가는 동안 사랑하라.

- 하인라인 -

20 .

20 .

20 .

AUGUST

19

멀리 떨어진 거리가 당신의 사랑을 떼어 놓을 수 있겠지만,
사랑하는 누군가와 정말 함께 있고 싶다면 당신은 이미 그곳에 가 있지 않겠는가?

- 리처드 바크 -

20 ....

20 ....

20 ....

AUGUST

사랑은 모든 것을 관통한다.

- 파크루딘 이라키 -

20 .

20 .

20 .

AUGUST

21

사랑하지 말아야 되겠다고 하지만 뜻대로 되지 않고,
같이 영원히 사랑하려고 해도 뜻대로 되지 않는다.

- 라브뤼이엘 -

20 .... •

20 .... •

20 .... •

AUGUST

사랑에 있어서 첫 번째 계기는 나만의 독립된 인격이 되고 싶어 하지 않는 것.
그렇더라도 그때는 자기를 결점이 많은 것으로 느낀다는 것이다.
두 번째 계기는 한 사람의 다른 인격 속에서 자신을 획득한다는 것.
다른 사람 속에서 보람을 얻으며 또 다른 사람도 나의 속에서 그렇게 된다는 것이다.

- 헤겔 -

20 .

20 .

20 .

AUGUST

23

당신과 나는 날개가 하나밖에 없는 천사입니다.
우리가 날기 위해서는 서로를 안아야 합니다.

- 크레센조 -

20 .

20 .

20 .

AUGUST

나는 내가 아픔을 느낄 만큼 사랑하면
아픔은 사라지고 더 큰 사랑이 생겨난다는 역설을 발견했다.

- 마더 테레사 -

20 ....

20 ....

20 ....

AUGUST

25

사랑에 빠진 수 많은 사람들은 자신이 사랑하는 사람만은
완벽한 존재일 것이라는 착각에 빠져 산다.

- 포이티에 -

20 .
20 .
20 .

AUGUST

나는 당신을 사랑하고 있고 언제나 당신과 함께 있고 싶습니다.
인생의 모든 즐거움과 마음의 고통을 당신과 함께 나누며 어떤 계획도 함께 설계하고
각자의 꿈도 함께 나누어요. 당신을 도우며 위로하고 싶고 사랑하고 싶습니다.
나는 언제나 당신과 함께이고 싶습니다.

- 달리 파톤 -

20 .... •

20 .... •

20 .... •

AUGUST

27

사랑할 때 우리가 경험하는 감정은 우리가 정상임을 보여준다.
사랑은 스스로 어떤 사람이 되어야 하는지를 보여준다.

- 안톤 체홉 -

20 ....

20 ....

20 ....

AUGUST

내 기억 속에 무수한 사진들처럼 사랑도 언젠가는 추억으로 그친다는 걸 알고 있었습니다.
하지만, 당신은 추억이 되질 않습니다.
사랑을 간직한 채 떠날 수 있게 해준 당신께 고맙단 말을 남깁니다.

- 영화/8월의 크리스마스 中 -

20 .

20 .

20 .

AUGUST 29

내가 좋아하거나 존경하는 사람들의 공통분모는 찾을 수 없지만,
내가 사랑하는 사람들의 공통된 특징은 찾을 수 있다.
그들은 나를 웃게 만든다.

- 오든 -

20 .... ·

20 .... ·

20 .... ·

AUGUST

우리의 삶에서 가장 위대한 일은 누군가를 사랑하고
또 사랑을 받는 것이다.

- 영화/물랑루즈 中 -

20 ....

20 ....

20 ....

AUGUST

31

사랑은 봄에 피는 꽃과 같다.
온갖 것에 희망을 품게 하고, 달콤한 향기를 풍긴다.

- 프로베르 -

20 .... •

20 .... •

20 .... •

SEPTEMBER

01

우리는 흔히 조금 좋아해 놓고 사랑한다고 말해 버린다.
하지만 절대 좋아하는 것이 사랑일 순 없다.
사랑한다는 말은 진실을 위해 아껴 두어야 한다.

- 생텍쥐페리 -

20 .   .   ,

20 .   .

20 .   .

SEPTEMBER

사랑이란 매 15분마다 미안하다는
말을 해야 하는 것이다.

- 존 레논 -

20 .

20 .

20 .

SEPTEMBER

사랑은 깨닫지 못하는 사이에 찾아든다.
우리들은 다만 사랑이 사라져가는 것을 볼뿐이다.

- 도브슨 -

20 ....

20 ....

20 ....

SEPTEMBER

우리만이 사랑할 수 있고,
이전에 그 누구도 우리만큼 사랑할 수 없음을 믿을 때
진정한 사랑의 계절이 찾아온다.

- 괴테 -

20 ....·

20 ....·

20 ....·

SEPTEMBER

사랑이란 무엇일까 고민하고 생각하는 사람은
이미 사랑을 할 수가 없다.

- 코체브 -

20 .... •

20 .... •

20 .... •

SEPTEMBER

사랑은 끝이 없는 신비함이다.
그것은 어떻게 말로 설명할 수 없기 때문이다.

- 타고르 -

20 .... •

20 .... •

20 .... •

SEPTEMBER

07

사랑은 마법과 같아서 어느 날 갑자기 사라져 버릴지도 모른다.
하지만 나는 지금 영원한 마법을 꿈꾼다.
우리가 늘 오늘처럼 사랑하게 해 달라고... 밤마다 기도한다.

- 소피 마르소 -

20 .

SEPTEMBER

사랑은 봄에 피는 꽃과 같다.
모든 것을 희망에 부풀게 하고,
폐허조차도 향기롭게 한다.

- 플로베르 -

20 .

20 .

20 .

SEPTEMBER

다른 사람을 먼저 사랑하고
그 사랑하는 사람이 다시 나를 사랑하면
성공한 삶이 될 것이다.

- 워렌 버핏 -

20 ....

20 ....

20 ....

SEPTEMBER

진정한 사랑이란,
계속해서 익어가는 과일과 같다.

- 라마르틴 -

20 ．

20 ．

20 ．

SEPTEMBER

11

사랑의 방법을 가르쳐주는 사람은 없다.
사랑이란 우리의 생명과 같이 가지고 태어나는 것이다.

- 밀러 -

20 ....

20 ....

20 ....

SEPTEMBER

12

사랑하고 있는데 사랑받지 못하는 것은 괴로운 일이다.
그러나 사랑하지 않는데 사랑의 대상의 되어버린 것에
비하면 비교가 되지 않는다.

- 쿠르트리느 -

20 ....

20 ....

20 ....

SEPTEMBER

13

If love is the answer,
could you rephrase the question?

– Lily Tomlin –

20 ____ . _____

20 ____ . _____

20 ____ . _____

SEPTEMBER

14

사랑, 그 자체에는 문제가 없다.
문제가 있다면 사랑하는 사람들에게 있는 것이다.

- 카프카 -

20 ....•

20 ....•

20 ....•

SEPTEMBER

15

가장 고귀한 사랑의 가치는 희생과 헌신이다.

- 그라시안 -

20 .... •

20 .... •

20 .... •

SEPTEMBER

16

이해하기 위해선 서로 닮지 않으면 안된다.
하지만 사랑하기 위해서는 약간은 다르지 않으면 안된다.

- 제랄디 -

20 .

20 .

20 .

17

SEPTEMBER

지금 이 순간을 사랑하라.
그러면 그 순간의 모든 에너지가 어떤 경계를 넘어 널리 퍼져나갈 것이다.

- 코리타 켄트 -

20 .

20 .

20 .

SEPTEMBER

사랑은 온유하다.
- 성경 -

20 .

20 .

20 .

SEPTEMBER

19

공상 속의 사랑이 현실의 사랑보다 훨씬 좋을 수 있다.
사랑하지 않는 것은 매우 자극적이다.
가장 자극적인 매력은 결코 만날 수 없는 양극 간에 존재한다.

- 앤디워홀 -

20 .

20 .

20 .

SEPTEMBER

행복을 찾아 나서는 모든 여정은
결국 사랑을 찾는 길이다.

- 존 월션 -

20 ....

20 ....

20 ....

SEPTEMBER

21

사랑에 대한 백번의 연설도
단 한번의 사랑의 행동에 미치지 못한다는 걸...

- 어린왕자 中 -

20 ....

20 ....

20 ....

SEPTEMBER

훌륭한 사랑은 격렬한 욕망 속에 있는 것이 아니라
일상생활의 완전하고도 영속적인 조화에 의해서만 인정된다.

- 모루아 -

20 .... •
_____

20 .... •
_____

20 .... •
_____

SEPTEMBER

23

미워할 때가 있고, 전쟁할 때가 있고,
평화스러울 때가 있고, 마침내 사랑할 때가 있다.

- 성경 -

20 .... •

20 .... •

20 .... •

SEPTEMBER

24

인생을 돌이켜 생각해 보면 제대로 살았다고 생각되는 순간은
사랑하는 마음으로 살았던 순간뿐일 것이다.

- 헨리 드루먼드 -

20 .
___

20 .
___

20 .
___

SEPTEMBER

25

나의 사랑!
너는 너무 어여뻐서 아무 흠이 없구나!

- 성경 -

20 .
_____

20 .
_____

20 .
_____

SEPTEMBER

나는 이제 쉰 여섯 살의 중년 남자이다.
그리고 이 나이가 되어서야 사랑이 무엇인지 알았다.
그것은 바로 믿음인 것을...

- 아놀드 슈왈츠제네거 -

20 ___ . ___

20 ___ . ___

20 ___ . ___

SEPTEMBER

27

인생은 어려운 수수께끼이다.
사랑은 그 수수께끼를 풀 수 있는 열쇠이다.

- 고트셰트 -

20 .

20 .

20 .

SEPTEMBER

사랑이란 전기와 같다.
이성을 보고 반해 버린 순간에 눈동자 속에서
빛이 튀어나와 심장을 친 듯한 기분이 들게 하므로…

- 하이네 -

20 .

20 .

20 .

SEPTEMBER

29

인간의 사랑은,
인간의 위대한 영혼을 더욱 위대한 것으로 만든다.

- 쉴러 -

20 .
20 .
20 .

SEPTEMBER

행복을 꿈꾸는 사랑은 서로에게 얼마나 잘 맞는가 보다
다른 점을 어떻게 극복해 나가는가이다.

- 톨스토이 -

20 ....

OCTOBER

01

사랑과 복수,
여자는 남자보다 훨씬 야만적이다.

- 니체 -

20 ...... •

20 ...... •

20 ...... •

OCTOBER

And in the end, the love you take is
equal to the love you make.

– The Beatles –

20 .... •

20 .... •

20 .... •

OCTOBER

사랑은 계시이고 창조이다. 세상은 사랑에게 아름다움을 빌어왔고,
천국은 그 영광을 빌어왔다. 정의, 자비, 동정심은 사랑의 자식들이다.
사랑이 없으면 모든 영광은 사라지고, 예술은 죽고, 음악은 의미를 잃어
단순한 공기의 떨림에 불과하며, 미덕은 죽어버릴 것이다.

- 에머슨 -

20 .... •

20 .... •

20 .... •

OCTOBER

누군가를 사랑할 때 이를 숨기는 것과 사랑하지 않으면서
사랑하는 것처럼 꾸미는 것은 둘 다 반드시 탄로나게 되어 있다.

- 로슈프코 -

20 ....•

20 ....•

20 ....•

OCTOBER

사랑스러움이 없는 아름다움은 미끼 없는 낚시와 같다.
- 에머슨 -

20 .... •

20 .... •

20 .... •

OCTOBER

사랑이 없는 삶,
사랑하는 사람들이 없는 삶은 그림자 쇼에 불과하다.

- 괴테 -

20 .... •

20 .... •

20 .... •

OCTOBER

사랑은 홍역과 같아서 나이가 제법 들어서 걸리면
심각한 증상을 나타낸다.

- 제롤드 -

20 .... •

20 .... •

20 .... •

OCTOBER

결혼을 하기 전에는 두 눈을 커다랗게 뜨고 보라.
하지만 결혼 후에는 한쪽 눈으로만 보아라.

-토마스 풀러-

20 ....•

20 ....•

20 ....•

OCTOBER

진실한 사람들은 결혼의 어려움을 슬기롭게 헤쳐 나간다.
변화가 있을 때마다 변하는 사랑은 사랑이 아니므로...

- 셰익스피어 -

20 ....

20 ....

20 ....

OCTOBER

10

일반적으로 생각해 보면,
사랑을 받는 사람은 사랑을 주는 사람이다.

- 러셀 -

20 .... •

20 .... •

20 .... •

OCTOBER

11

사랑은 명령하는 것이다.

- 라틴 속담 -

20 .... •

20 .... •

20 .... •

OCTOBER

12

진실한 사랑은 우리만이 할 수 있고,
이전과 이후 그 누구도 우리만큼 사랑할 수 없음을 믿을 때,
우리에게 진정한 사랑의 계절이 찾아온다.

- 괴테 -

20 .... •

20 .... •

20 .... •

OCTOBER

13

사랑은 시기하지 아니한다.

- 성경 -

20 ....

20 ....

20 ....

OCTOBER

14

남자의 사랑은 그 인생의 일부요,
여자의 사랑은 그 인생의 전부다.

-바이런-

20 .... •

20 .... •

20 .... •

OCTOBER

15

사랑을 하면 눈이 먼다는 말은 틀린 말이다.
사랑은 세상에서 오직 하나,
서로를 가장 정확하게 보게 해 준다.

- 마사 베크 -

20 ....•

20 ....•

20 ....•

OCTOBER

16

사랑하라. 그러면 사랑받을 것이다.
그리고 이전에는 할 수 없었던 것들도 할 수 있게 될 것이다.

- 마르쿠스 산틸라나 -

20 ....•

20 ....•

20 ....•

OCTOBER

사랑의 본질은 정신의 불이다.

- 스베덴보리 -

20 .... •

20 .... •

20 .... •

OCTOBER

사랑의 恨이 어설픈 결혼을 선택하게 한다.

- 쇼세 -

20 .... •

20 .... •

20 .... •

OCTOBER

사랑은 그 사랑함의 보상이다.

- 드라이든 -

20 ....•

20 ....•

20 ....•

OCTOBER

사랑은 마치 내가 만지지 않아도
그 향기가 저절로 정원을 기쁨의 공간으로 만들어 주는
아름다운 꽃과도 같다.

- 헬렌 켈러 -

20 .... •

20 .... •

20 .... •

OCTOBER

21

오직 한 사람에 대한 사랑은 하나의 야만이다.
왜냐하면 이것은 다른 모든 것에 대한 희생이 있어야 가능하기 때문이다.
신에 대한 사랑도 마찬가지이다.

- 니체 -

20 ....

20 ....

20 ....

OCTOBER

미숙한 사랑은 '당신이 필요해서 당신을 사랑한다'고 하지만
성숙한 사랑은 '사랑하니까 당신이 필요하다'고 말한다.

- 처칠 -

20 ....

20 ....

20 ....

OCTOBER

23

이기심과 불평이 정신을 유혹하고 흐리게 하는 것처럼,
사랑은 그렇게 기쁨으로 시야를 맑게 하고 날카롭게 만들어 준다.

- 헬렌 켈러 -

20 .... •

20 .... •

20 .... •

OCTOBER

사랑은 모두가 기대하는 것이다.
사랑은 싸우고,
용기를 내고, 모든 걸 바칠만하다.

- 에리카 종 -

20 ....•

20 ....•

20 ....•

OCTOBER

25

우리가 말과 혀로만 사랑하지 말고,
오직 행동과 진실함으로 사랑하자.
- 성경 -

20 .... •

20 .... •

20 .... •

OCTOBER

모든 사랑에는 때가 있어. 그것은 우리가 어쩔 수 있는 것이 아니야.
그렇다고 그게 사랑이 아니라는 건 아니야. 난 내 사랑에 대한 믿음이 있었단다.
사랑 앞에 굽힐 수 있다면 어떻게 기회를 얻을 수 있겠니?

- 영화/내가 살아있는 한 中 -

20 ....•

20 ....•

20 ....•

OCTOBER

27

사랑을 섬겼기 때문에 슬픔을 겪게 되는 것이다.

- 까뮈 -

20 ....•

20 ....•

20 ....•

OCTOBER

사랑에 빠질수록 혼자가 되어라.
두 사람이 겪으려 하지 말고 오로지 혼자가 되어라.

- 릴케 -

20 .... •

20 .... •

20 .... •

OCTOBER

29

언제나 여자들이 바라는 것은
그 남자의 마지막 사랑이 되고 싶은 것이다.

- 오스카 와일드 -

20 .... •

20 .... •

20 .... •

OCTOBER

실제로 느끼지 못하는 사랑을 느끼는 척하지 말라.
사랑은 우리가 어떻게 하지 못하므로...

- 앨런 왓츠 -

20 _____ . _____

20 _____ . _____

20 _____ . _____

OCTOBER

31

내가 찾은 모순은 사람이 아플 정도로 사랑을 하면
아픔은 사라지고 사랑이 깊어진다는 것입니다.

- 마더 테레사 -

20 .

20 .

20 .

NOVEMBER

연애는 누구나 자신을 속이는 데서 시작하고,
남을 속이는 데서 끝나는 것이 보통이다.
이것이 지구상에서 흔히 일컬어지는 로맨스이다.

- 오스카 와일드 -

20 .

20 .

20 .

NOVEMBER

02

사랑의 첫 번째 의무는 상대방에 귀 기울이는 것이다.

- 폴 틸리히 -

20 .... •

20 .... •

20 .... •

NOVEMBER

영혼을 깨끗하게 하여,
마음으로 뜨겁게 서로를 사랑하라.
- 성경 -

20 ____ . ____

20 ____ . ____

20 ____ . ____

NOVEMBER

사랑은 사랑하는 사람과 함께 하는 여행입니다.

- 코웰 -

20 .... •

20 .... •

20 .... •

NOVEMBER

사랑으로는 충분치 않다.
사랑은 주춧돌이 되어야지 완성된 구조물이 되어서는 안된다.
사랑은 너무나 잘 휘어지고 구부러지기 쉽기 때문이다.

- 베티 데이비스 -

20 .... •

20 .... •

20 .... •

NOVEMBER

자기 자신과 연애하듯 살아라.
자부심이란 다른 누구도 아닌 오직 당신만이 당신 자신에게 줄수 있는 것이다.
타인이 당신에 대해 무엇을 이야기하든 어떻게 생각하든 개의치 말고
언제나 자신과 연애하듯 삶을 살아라.

- 젤린스키 -

20 ....

20 ....

20 ....

NOVEMBER

먼 훗날의 사랑이란 없다.
사랑이란 언제나 현재 진행형이다.
사랑을 지금 보여주지 않으면 사랑이 없는 사람이다.

- 톨스토이 -

20 .... •

20 .... •

20 .... •

NOVEMBER

사랑 안에는 두려움이 없고
온전한 사랑이 두려움을 쫓아낸다.
- 성경 -

20 .... •

20 .... •

20 .... •

NOVEMBER

사랑이란 상실이며 단념이다.
자기의 모든 것을 남에게 주었을 때 사랑은 더욱 풍부해진다.
- 구코 -

20 .... •

20 .... •

20 .... •

NOVEMBER

만일 우리 인생이 단지 5분밖에 남지 않았다는 사실을 안다면
우리는 자신의 소중한 사람들에게 전화할 것이다.
그리고는 더듬거리며 그들에게 말할 것이다. 사랑한다고...

- 크리스토퍼 몰리 -

20 ...... •

20 ...... •

20 ...... •

/ NOVEMBER

11

사랑은 바위처럼 움직이지 않는 것이 아니다.
사랑은 빵과 같아서 늘 새로 다시 만들어야 한다.

- 어슐러 르귄 -

20 .... •

20 .... •

20 .... •

NOVEMBER

세상의 단 한 사람에게만 느낄 수 있는 것이
바로 사랑이다.

-찰리 채플린-

20 ....

20 ....

20 ....

NOVEMBER

13

사랑, 그것은 인간이 가지고 있는 영혼의 가장 높고,
가장 희망적인 세계이다.

- 헤르만 헤세 -

20 ....•

20 ....•

20 ....•

NOVEMBER

마음속의 사랑은 영원히 간직할 수 있어요.

- 영화/사랑과 영혼 中 -

20 .... •

20 .... •

20 .... •

NOVEMBER

15

단둘이서 저녁 식사를 세 번씩이나 하고도
아무 일이 없다면 그 남녀관계는 단념하는 것이 좋겠다.

- 고즈 야스지로 -

20 _____ . _____

20 _____ . _____

20 _____ . _____

NOVEMBER

16

우주가 우리에게 준 두 가지 선물은
사랑하는 힘과 질문하는 능력이다.

- 메리 올리버 -

20 .

20 .

20 .

NOVEMBER

17

용기 있다는 것은 답례로 아무것도 기대하지 않고 누군가를 무조건적으로 사랑하는 것이다. 사랑은 거저 주는 것이다. 우리는 넘어지거나 쉽게 상처를 받는 것을 원하지 않으므로 사랑하려면 용기가 필요하다.

- 마돈나 -

20 .

NOVEMBER

사랑하고 사랑을 받는 것은
양쪽에서 태양을 느끼는 것이다.

- 데이비드 비스코트 -

20 ....

20 ....

20 ....

NOVEMBER

19

사람이 마음으로부터 사랑하는 것은 단 한 번밖에 없다.
그것이 첫사랑이다.

- 라 브뤼예르 -

20 .... _____

20 .... _____

20 .... _____

NOVEMBER

죽음보다 강한 것은 이성(理性)이 아니라 사랑이다.

-토마스 만-

20 .... •

20 .... •

20 .... •

NOVEMBER

21

사랑이란 마치 열병과 같아서
본인의 의지와는 상관없이 불타고 또 꺼진다.

- 스탕달 -

20 .... •

20 .... •

20 .... •

NOVEMBER

질투는 천 개나 되는 눈을 가지고 있다.
- 탈무드 -

20 .... •

20 .... •

20 .... •

NOVEMBER

23

사랑은 눈이 먼 것이 아니다. 더 적게 보는 것이 아니고, 더 많이 본다.
다만 더 많이 보이기 때문에 더 적게 보려고 하는 것이다.

- 줄리어스 고든 -

20 .... •

20 .... •

20 .... •

NOVEMBER

사랑에는 고통이 가득한 반란이 없다.

- 비베카난다 -

20 .... •

20 .... •

20 .... •

25

사랑은 화살처럼 빨리 지나가는 것처럼 보인다. 그러나 그 사랑을 성장시키는 데는 시간이 필요하다. 어떤 남자와 여자도 그들이 결혼을 해서 오십년이 지나기 전까지는 완벽한 사랑이 무엇인지 말할 수 없다.

- 마크 트웨인 -

20 ....·

20 ....·

20 ....·

NOVEMBER

26

지금의 남편을 만나기 전에 사랑에 몇 번 살짝 발을 들인 적은 있었다.
그러나 사랑에 빠진 적은 없다.

- 러드너 리타 -

20 ....

20 ....

20 ....

NOVEMBER

27

사랑은 자랑하지 아니한다.

- 성경 -

20 .... •

20 .... •

20 .... •

NOVEMBER

20대의 사랑은 환상이다.
30대의 사랑은 외도이다.
사람은 40세에 와서야 처음으로 참된 사랑을 알게 된다.

- 괴테 -

20 .... •

20 .... •

20 .... •

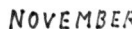

29

인간은 그가 사랑하고 있는 사람에게는 쉽게 속는다.

- 모리엘 -

20 ....•

20 ....•

20 ....•

NOVEMBER

당신을 만나는 모든 사람이 당신과 헤어질 때는 더 나아지고,
더 행복해질 수 있도록 하라

- 마더 테레사 -

20 .... •

20 .... •

20 .... •

DECEMBER

Love means never having to
say you're sorry.
- 영화/러브스토리 中 -

20 ....

20 ....

20 ....

DECEMBER

사랑은 약속이며, 사랑은 한 번 주어지면
결코 잊을 수도 사라지지도 않는 선물이다.

- 존 레논 -

20 .... •

20 .... •

20 .... •

DECEMBER

사랑은 눈이 먼 것이라 연인들은 자신들이 저지르는 어리석은 짓을 알지 못한다.
만약 알 게 된다면, 큐피드도 나를 보고
얼굴을 붉히며 평범한 소년으로 변해버릴 것이다.

- 셰익스피어 -

20 .... •

20 .... •

20 .... •

DECEMBER

사랑은 교만하지 아니한다.
- 성경 -

20 ....•

20 ....•

20 ....•

DECEMBER

마음속에 사랑이 샘솟지 않는 사람의 삶에는 아무것도 일어나지 않는다.
그는 다만 서서히 죽어 갈 뿐이다.

- 타르코프스키 -

20 ....

20 ....

20 ....

DECEMBER

사랑은 의지의 실천이다. 즉 하고자 하는 의도와 행동,
이 두가지 모두를 같이 묶은 것이 사랑이다.

- 스캇 펙 -

20 ....•

20 ....•

20 ....•

DECEMBER

돈이나 쾌락 또는 명예를 사랑하는 사람은,
사랑을 할 수 없다.

- 에픽테토스 -

20 .... •

20 .... •

20 .... •

DECEMBER

무엇을 받을 것인지 기대하는 것이 아니라,
무엇을 줄 것인지 고민하는 것. 그것이 바로 사랑의 전부이다.

- 캐서린 햅번 -

20 ....

20 ....

20 ....

DECEMBER

가끔 사랑이 일에 굴복당한다.
혹시 사랑으로부터 빠져나오길 원한다면 바쁘게 살아라.

- 오디비디우스 -

20 ....•

20 ....•

20 ....•

DECEMBER

재채기와 사랑의 공통점은 감출 수 없다는 것이다.
- 펄벅 -

20 .... •

20 .... •

20 .... •

DECEMBER

사랑아! 네가 어찌 그리 아름다운지.
- 성경 -

20 .... •

20 .... •

20 .... •

DECEMBER

12

서로 사랑의 빚 외에는 아무에게도, 어떤 빚도 지지 말라.
남을 사랑하는 사람은 모두 이루었느니라.

- 성경 -

20 .... •

20 .... •

20 .... •

DECEMBER

13

사랑의 최고의 징표는 믿음이다.

- 조이스 브라더스 -

20 ....•

20 ....•

20 ....•

DECEMBER

14

사랑은 인생이라는 먹구름 속에서
피어오른 단 하나의 무지개이다.

- 에머슨 -

20 ....•

20 ....•

20 ....•

DECEMBER

15

사랑은 두뇌의 가장 고귀한 죄이다.
사랑의 고통은 그 어떤 즐거움이나 쾌락보다 훨씬 달콤하다.

- 존 드라이든 -

20 .... •

20 .... •

20 .... •

DECEMBER

16

우리의 사랑은 바람과 같아서 볼 수는 없지만 느낄 순 있어요.

- 영화/워크 투 리멤버 中 -

20 ...... •

20 ...... •

20 ...... •

DECEMBER

17

자신을 사랑하는 법을 아는 것이 가장 위대한 사랑입니다.

- 마이클 매서 -

20 .... •

20 .... •

20 .... •

DECEMBER

모든 일을 사랑으로 행하라.
- 성경 -

20 .... •

20 .... •

20 .... •

DECEMBER

19

누구에게도 사랑을 받지 못하는 것은 큰 고통이며,
누구도 사랑할 수 없다는 것은 죽음을 의미한다.

- 그룬베르그 -

20 ....

20 ....

20 ....

DECEMBER

나는 소년의 앞에 서서 그를 사랑해달라고
부탁하는 소녀라는 것을 잊지 말아요.

- 영화/노팅힐 中 -

20 .... •

20 .... •

20 .... •

DECEMBER

21

사랑의 계산법은 독특하다.
절반과 절반이 합쳐져 하나가 되는 것이 아니라,
오직 두 개가 모여 완전한 하나를 만들기 때문이다.

- 조 코데르트 -

20 ....

20 ....

20 ....

DECEMBER

믿음. 소망. 사랑 이 세 가지는 항상 있을 것인데
그 중에 제일은 사랑이라.

- 성경-

20 ....•

20 ....•

20 ....•

DECEMBER

23

지금 사랑을 하고 있는 사람의 귀는
아무리 낮은 소리라도 모두 알아듣는다.

- 셰익스피어 -

20 .... •

20 .... •

20 .... •

DECEMBER

나는 단 한가지 책임만 아는데,
그것은 사랑하는 것이다.

- 까뮈 -

20 ....

20 ....

20 ....

DECEMBER

25

사랑은 아름다운 꽃이다.
그러나 낭떠러지 끝에까지 가서 꺾어와야 하는 용기를 필요로 한다.

- 스탕달 -

20 .

20 .

20 .

DECEMBER

나는 어림잡아 천 명이 넘는 여자들을 만나 보았다.
하지만 사랑을 느낀 것은 단 한 번 뿐이었다.

- 엘비스 프레슬리 -

20 .... •

20 .... •

20 .... •

DECEMBER

27

열정은 세상을 돌게 한다.
사랑은 세상을 좀 더 안전한 곳으로 만들 뿐이다.

- 아이스 티 -

20 .... •

20 .... •

20 .... •

DECEMBER

사랑은 가장 가까운 사람을 돌보는 데에서 시작합니다.

- 마더 테레사 -

20 ....

20 ....

20 ....

DECEMBER

29

사랑했다고 말하지 않아도 그대가 얼마나
나를 사랑했었는지 나는 알고 있습니다.

- 레베카 -

20 ....•

20 ....•

20 ....•

DECEMBER

사랑은 자신 이외에 다른 것도 존재한다는
사실을 어렵사리 깨닫는 것이다.

- 아이리스 머독 -

20 .... •

20 .... •

20 .... •

DECEMBER

31

사랑은 몰래 온 손님이라더니. 내쫓을 수도 없고.
대체 나이를 얼마나 먹어야 사랑타령을 그만하게 될까요?

- 영화/스물 中 -

20 ...... •

20 ...... •

20 ...... •

러브 다이어리 - 파이어리 레드
LOVE DIARY - Fiery Red

요한 볼프강 폰 괴테, 헤르만 헤세, 알베르 까뮈 외 지음

1판 1쇄 인쇄 2018년 11월 5일
1판 1쇄 발행 2018년 11월 15일

발행처 새녘출판사
발행인 권희준
디자인 씨오디
인쇄 천일문화사

출판등록 2011년 10월 19일(제313-2012-93호)
주소 경기 파주시 미래로 562
전화 02-323-3630 팩스 02-6442-3634
이메일 books@saenyok.com

ISBN 978-89-98153-39-7 12840

• 책값은 뒤표지에 있습니다. 잘못된 책은 구입하신 곳에서 바꾸어 드립니다.